Lecciones para principiantes: guitarra, teoría y solfeo.

CONTENIDO

LECCIÓN I: "La Guitarra" 4
1. Surgimiento de la guitarra 4
2. Estructura de la guitarra 5
3. La guitarra eléctrica tiene, además 14
4. Posición con la Guitarra 18
5. Posición y numeración de la mano derecha 20
6. Posición y numeración de la mano izquierda 22
7. Afinación de la Guitarra 25

Lección II: "Principios básicos de Solfeo y Cifrado" 29
1. Solfeo 29
2. Sobre el valor de las notas musicales 33
3. Cifrado Musical 40

LECCIÓN III "Construcción de acordes" 44
1. Introducción 44
2. Nomenclatura de Acordes 44
3. Construcción de Acordes 46
4. Acordes Mayores 51
5. Acordes Menores 54
6. Acordes con **Séptima**s 57
7. Construcción de acordes de Séptima 60
8. Inversión de Acordes. Concepto y realización 62

LECCIÓN IV: LOS ARPEGIOS 72
Ejercicio 1: 76
Ejercicio 2: 76
Ejercicio 3: 77

Ejercicio 4:..77

Ejercicio 5:..78

Ejercicio 6:..78

Ejercicio 7:..80

Ejercicio 8:..83

Algunas frases y pensamientos célebres sobre la guitarra y su sonoridad. 85

LECCIÓN I: "LA GUITARRA"

1. Surgimiento de la guitarra

La guitarra forma parte de la familia de los instrumentos de cuerda y se puede decir que es uno de los instrumentos más usados en todo mundo. Aunque sus orígenes no están muy claros existen varias teorías que defienden que el instrumento antecesor de la guitarra fue introducido en España durante la invasión de los moros en el Siglo VIII. Por otro lado, hay teorías que defienden que sus orígenes se remontan hasta la época de los griegos, los cuales crearon un instrumento con cierta semejanza a la guitarra actual, aunque de bordes rectos y 4 cuerdas, el cual fue copiado y modificado por los romanos y que, según algunos autores, fue el que se introdujo en España por el año 400 a.c.

Así fue como a finales del Siglo XVIII y principios del Siglo XIX apareció la primera guitarra con una apariencia muy similar a la actual guitarra clásica, de la cual han derivado las demás guitarras que actualmente existen (acústica, eléctrica, etc.). Destacan fabricantes como Antonio Torres, cerca del año 1780, quien introdujo el diseño de los refuerzos en abanico por la parte inferior de la tapa e introdujo una caja más grande, desplazando el puente a una posición más alta y aumentando la profundidad.

Hoy día la mayoría de los fabricantes utilizan las modificaciones introducidas por Torres. Las guitarras flamencas presentan algunas diferencias con respecto a la guitarra clásica o guitarra española: menor altura de las cuerdas, lo que facilita la percusión y la velocidad, mayor ligereza y una o dos placas llamadas golpeadores que protegen la caja.

2. Estructura de la guitarra

La guitarra clásica moderna consta de los siguientes elementos:

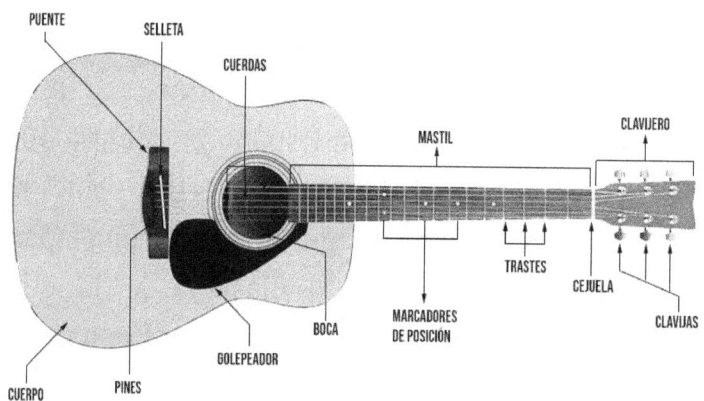

Cuerdas: La guitarra clásica consta de seis cuerdas que toman su nombre según el sonido que producen cuando se tocan al aire y se enumeran desde abajo hacia arriba (tomando como referencia la posición estándar de la guitarra para tocar), de la siguiente forma:

1ra Cuerda ------- Sonido al aire -------- Mi
2da Cuerda ------- Sonido al aire -------- Si
3ra Cuerda ------- Sonido al aire -------- Sol
4ta Cuerda ------- Sonido al aire --------- Re
5ta Cuerda ------- Sonido al aire --------- La
6ta Cuerda ------- Sonido al aire --------- Mi

Antiguamente las cuerdas se fabricaban a partir de tripas de animales, pero en la actualidad el material que se utiliza es el nylon. La 4ta, 5ta y 6ta son de hilos muy finos de nylon envueltos en metal. La 1ra cuerda (por ser la más fina) y la 4ta cuerda (por tener la envoltura de metal más fina), son las que más tienden a romperse por la tensión que soportan.

La 1ra cuerda es la de menor grosor. El grosor va aumentando progresivamente desde la 1ra a la 6ta, siendo esta la más gruesa.

El tiempo de vida de las cuerdas es muy variable, dependiendo de la calidad de las cuerdas y el uso del instrumento. Por lo general, unas cuerdas en buen estado pueden durar unos 4-5 meses si son de buena calidad y se le da bastante uso al instrumento. En la actualidad existen aceites profesionales para frotar las cuerdas con un paño, con esto se consigue alargar un poco más su vida útil en buen estado, pero lo ideal es cambiarlas regularmente.

Un aspecto muy importante de las cuerdas es su afinación, tema que desarrollaremos más adelante. Otro aspecto muy importante a tener en cuenta es que, para guardar el instrumento durante tiempo prolongado, se deben aflojar las cuerdas, ya que si se guarda con las cuerdas tensas la tensión hará que el puente se despegue unos milímetros de la caja. También se debe colocar la guitarra en posición vertical inclinada unos 150 hacia atrás, de manera que la boca y las cuerdas queden de frente.

Clavijero: Su función es la de sostener y tensar las cuerdas, para ello consta de un mecanismo compuesto por un tornillo (sin fin) que hace girar un eje donde van enrolladas las cuerdas. Estos ejes poseen un agujero central por el que se introduce el extremo de la cuerda. De esta forma al darle vueltas a la clavija, la cuerda se va tensando sobre sí misma repartiendo la tensión sobre toda la cuerda, por lo que es más difícil que se rompa.

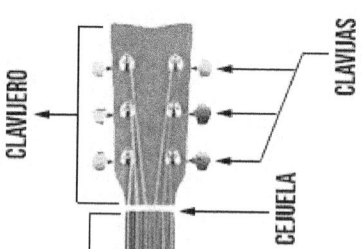

Es muy importante mantener en buen estado las clavijas, es una zona muy delicada ya que soportan gran tensión. Para mantenerlos limpias y suaves se puede emplear cualquier aceite desengrasante, teniendo la precaución de secar bien después para que el aceite no penetre en la madera y no queden restos, evitando que las partículas de polvo formen suciedad.

Cejuela: Es una pieza de hueso o madera dura, de forma alargada, que va incrustada entre el clavijero y el mástil. Sirve de puente para las cuerdas, permitiendo la separación entre ellas y fijándolas, gracias a unas ranuras que tiene en su parte superior. La mayor o menor altura de la Cejuela regula la suavidad o dureza del instrumento. Es muy importante que las ranuras de este puente estén en perfecto estado, su deterioro por el tiempo o roce ocasiona que las cuerdas se acerquen más al mástil, lo que puede ocasionar que al vibrar las cuerdas rocen con los trastes produciendo distorsiones en el sonido e incluso desafinación.

Cuerpo: El cuerpo o caja de resonancia es la parte principal y fundamental de la Guitarra, está formado por la tapa superior o tapa armónica, la tapa inferior y los costados. Esta parte es la que amplifica los sonidos que se producen al percutir las cuerdas, cuando estas se pulsan se produce una vibración que es recogida por el puente y se transmite a la tapa de la caja, la vibración que produce esta tapa es recogida y amplificada por el cuerpo de la guitarra, sonido que sale a través de la boca.

En la calidad del sonido influyen muchos aspectos, calidad de la madera, barnices, calidad de las cuerdas, dimensiones del cuerpo, etc.

Diapasón: Es una pieza alargada de madera y de forma aplanada que cubre el Mástil por la parte superior. Está divido en espacios delimitados por unas pequeñas barras de metal incrustadas llamadas **Trastes**, generalmente a estos espacios también se les llama así. Cada traste representa una nota musical, al igual que ocurre en un piano, donde cada tecla representa una nota. La progresión dentro de la escala musical que siguen los trastes es de un semitono o medio tono. Lo podemos ver claramente en el siguiente gráfico:

MI	FA	FA#	SOL	SOL#	LA	LA#	SI	DO	DO#	RE	RE#	MI
LA	LA#	SI	DO	DO#	RE	RE#	MI	FA	FA#	SOL	SOL#	LA
RE	RE#	MI	FA	FA#	SOL	SOL#	LA	LA#	SI	DO	DO#	RE
SOL	SOL#	LA	LA#	SI	DO	DO#	RE	RE#	MI	FA	FA#	SOL
SI	DO	DO#	RE	RE#	MI	FA	FA#	SOL	SOL#	LA	LA#	SI
MI	FA	FA#	SOL	SOL#	LA	LA#	SI	DO	DO#	RE	RE#	MI

Esta sería una representación gráfica del Diapasón con sostenidos desde el traste 1ro hasta el 12, se podría realizar una representación similar sustituyendo los sostenidos, representados por el símbolo # por su bemol correspondiente, representado por la letra b, por ejemplo, en lugar de **Fa#** (sostenido) sería **Solb** (bemol). Al llegar al traste 12 se repiten los sonidos, pero a una octava más alta.

Un dato muy importante a tener en cuenta con respecto a los Trastes, es que cuando se marcan con los dedos sobre la guitarra, se debe hacer lo más cerca posible a la barra metálica que divide los Trastes, ya que lo que produce el sonido de la nota deseada es el contacto de la cuerda con la barra metálica y no el contacto de la cuerda con el espacio. Por ejemplo, si queremos obtener el sonido Fa en la 6ta cuerda, el lugar correcto donde se debe marcar es el indicado con un círculo rojo en la siguiente imagen.

MI	FA	FA#	SOL	SOL#	LA	LA#	SI	DO	DO#	RE	RE#	MI
LA	LA#	SI	DO	DO#	RE	RE#	MI	FA	FA#	SOL	SOL#	LA
RE	RE#	MI	FA	FA#	SOL	SOL#	LA	LA#	SI	DO	DO#	RE
SOL	SOL#	LA	LA#	SI	DO	DO#	RE	RE#	MI	FA	FA#	SOL
SI	DO	DO#	RE	RE#	MI	FA	FA#	SOL	SOL#	LA	LA#	SI
MI	FA	FA#	SOL	SOL#	LA	LA#	SI	DO	DO#	RE	RE#	MI

Cómo se puede ver el círculo está lo más cerca posible a la barra, con lo que la presión es muy suave y el sonido más limpio que si se pulsara más al centro del traste.

Los trastes, sobre todo en las guitarras que usan cuerdas metálicas, también se desgastan, cuando este desgaste es superficial, se puede recurrir al quitar todas las cuerdas y lijar ligeramente la superficie de los trastes con papel de lija fino (metálica), teniendo la precaución de que el lijado sea parejo, para que los trastes queden todos al mismo nivel. Cuando el desgaste es más profundo se deben cambiar todos los trastes, y esto es conveniente que lo realice una persona con experiencia.

Puente: Pieza alargada y estrecha situada sobre la tapa armónica, a poca distancia de la boca de la guitarra; es donde se fijan las cuerdas antes de colocarlas y tensarlas en el clavijero. El sistema de colocación es similar al del clavijero: se introduce el extremo de la cuerda por los agujeros que hay situados en el puente, este extremo se vuelve sobre sí mismo con 2-3 vueltas sobre la cuerda, de manera que el extremo quede situado en la parte inferior del puente con la punta hacia abajo. Se lleva el otro extremo de la cuerda hacia el clavijero, tensando la cuerda para que no se suelte del puente. Para graduar la altura de las cuerdas en la parte superior del puente nos encontramos con una pieza de hueso o pasta, llamada **Selleta**.

Hasta ahora hemos visto los componentes que forman la guitarra clásica o española, pero el resto de guitarras suelen tener algunas modificaciones en estos componentes, y también aparecen otros componentes que no tiene la guitarra clásica.

3. La guitarra eléctrica tiene, además

Cuerdas metálicas: El material de estas cuerdas suele ser acero, y son características de las guitarras acústicas y eléctricas. Las guitarras acústicas, además de poseer las cuerdas metálicas, tienen un cuerpo más grande que el de las guitarras clásicas, lo que proporciona un sonido más fuerte. Se pueden encontrar guitarras acústicas de 6 y 12 cuerdas. El clavijero de la guitarra eléctrica es algo diferente en su aspecto con referencia a la guitarra clásica, pero su funcionamiento es similar.

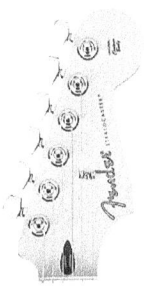

Estos controles nos lo vamos a encontrar principalmente en las guitarras y bajos eléctricos. Sirven para controlar el nivel de agudos y graves, y el volumen. Algunas guitarras acústicas y clásicas también se pueden amplificar, siendo guitarras electroacústicas, aunque el sistema de controles que llevan esas guitaras son diferentes tienen la misma función. También se puede observar la palanca del Selector, cuya función es la de activar las pastillas o micrófonos.

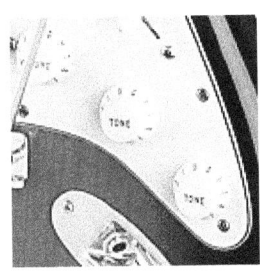

Pastillas magnéticas: Son las encargadas de recoger el sonido producido por las cuerdas y transmitirlos a un amplificador. Generalmente las guitarras eléctricas tienen más de una pastilla. También se les llama micrófonos o cápsulas.

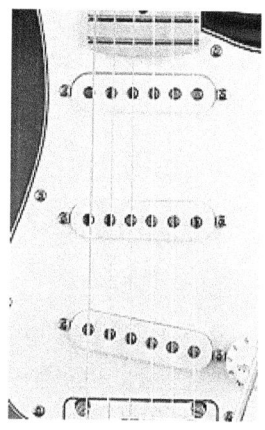

Palanca del Trémolo: Sirve para modificar la altura sonora de las notas mientras se toca. Si se sube, se tira hacia atrás del puente, con lo cual se estiran las cuerdas y se sube de tono, si se baja disminuye la tensión de las cuerdas y baja de tono. Se usa principalmente para crear efectos de distorsión y efectos de vibración.

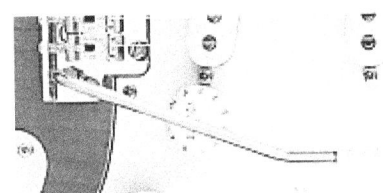

Puente: Este es característico de las guitarras eléctricas. Su sistema de fijación es distinto al de las guitarras clásicas. Se puede ver también donde se inserta la **Palanca del Trémolo**.

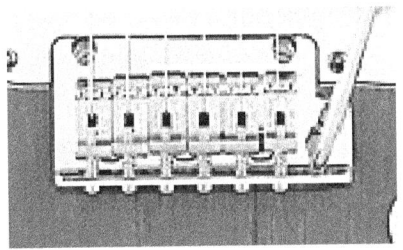

También existen una serie de accesorios como puede ser un Amplificador de Sonidos, característico y necesario para las guitarras eléctricas y Bajos, aunque también se pueden conectar a él las guitarras acústicas y españolas. Otro accesorio muy utilizado es la Pedalera de Efectos que se conecta entre el Amplificador y la Guitarra, nos permite crear un gran número de efectos como Distorsión, Delay, Compresión, Reverberación, etc.

Son una gran cantidad de partes y accesorios que varían de una guitarra a otra, dependiendo de la función, la marca del fabricante y el uso.

4. Posición con la Guitarra

La posición ideal para tocar la guitarra es sentado en una silla no muy alta, donde la pierna derecha debe hacer contacto con el suelo y la pierna izquierda debe estar por encima del plano del suelo, apoyada sobre un soporte especial o banco. De esa manera apoyamos la guitarra (por su parte inferior) sobre la pierna derecha y a la misma vez sobre la pierna izquierda (que debe estar más elevada) por el lado que está aproximadamente a la altura de la boca, aprovechando la curva.

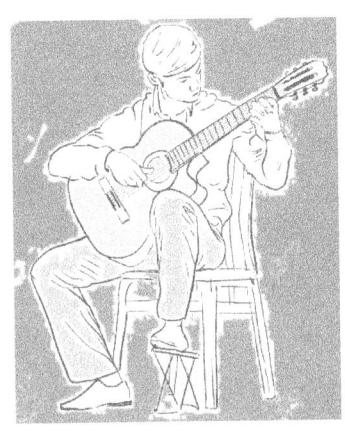

Esta posición es adoptada para facilitar la interacción con el instrumento, ya que si se apoya la guitarra solamente sobre la pierna derecha aprovechando la curvatura de los costados (postura que parece ser más cómoda y muy utilizada), no obtenemos las ventajas que nos proporciona la posición correcta, además de que la guitarra sería más inestable al contar solamente con un punto de apoyo.

Con la posición correcta se obtienen dos puntos de apoyo: la guitarra descansa sobre la pierna izquierda (que está elevada) y a la misma vez se apoya por su parte inferior sobre la pierna derecha. Así el fondo de la guitarra se apoya ligeramente contra el cuerpo, mientras que con el brazo derecho se hace sujeción por el arco superior. Uno de los aspectos más importantes, es que con esta posición se consigue sujetar de manera estable la guitarra y el mástil queda más cerca del cuerpo, con lo que la mano izquierda puede desplazarse fácilmente a lo largo de él para trabajar las notas.

A la hora de tocar una melodía podemos hacerlo con los dedos, con una púa o bien con una combinación de ambos (técnica muy compleja que requiere mucha destreza para realizarla correctamente). Normalmente se utiliza la púa para pop, rock, blues y jazz; y la mano para flamenco, música clásica y folk.

5. Posición y numeración de la mano derecha

La posición de la mano derecha será arqueada intentando evitar la rigidez de la muñeca y dedos. Cuando se utiliza una técnica de rasgueado debemos actuar principalmente con la articulación de la muñeca y si utilizamos una técnica de arpegios la articulación que se utiliza es la de los dedos evitando en ambas técnicas que actúe todo el brazo.

La posición correcta donde debe tocar la mano derecha es sobre la boca de la guitarra dejando libre aproximadamente la mitad de esta, es decir, no tapar con la mano derecha toda la boca de la guitarra. Aunque si queremos obtener otros efectos de sonido podemos desplazar la mano derecha hacia el mástil de la guitarra (sonido más suave) o bien hacia el puente (sonido más seco y metálico).

Los dedos de la mano derecha los vamos a nombrar o numerar de la siguiente manera, haciendolos corresponder con una letra:

PULGAR: Con la letra P
ÍNDICE: Con la letra I o con el número 1
MEDIO: Con la letra M o con el número 2
ANULAR Con la letra A o con el número 3
MEÑIQUE: Con el número 4

Cuando utilizamos técnicas de rasgueo, ya sea con púa o con los dedos, las cuerdas se tocan indistintamente hacia arriba o hacia abajo. Ahora bien, si utilizamos técnicas de Arpegios, es importante tener en cuenta que las cuerdas que se tocan con el dedo pulgar siempre se tocan hacia abajo, mientras que las cuerdas que se tocan con los dedos restantes se tocan hacia arriba.

6. Posición y numeración de la mano izquierda

Los dedos de la mano izquierda los vamos a numerar de la siguiente manera:

ÍNDICE: Con el número 1
MEDIO: Con el número 2
ANULAR: Con el número 3
MEÑIQUE: Con el número 4

La teoría dice que el dedo pulgar de la mano izquierda debe apoyarse en la parte posterior del mástil y nunca debe asomar por la parte superior, aunque también en ocasiones, los grandes guitarristas han utilizado el dedo pulgar asomando por la parte superior para pisar la 6ta cuerda y utilizar el resto de los dedos para completar un acorde complejo.

Lo más aconsejable para principiantes es seguir la teoría y la norma de no asomar el dedo pulgar por la parte superior. Además, el pulgar debe estar siempre a la misma altura que el dedo número 2, es decir, si ponemos la mano izquierda en la posición correcta en el mástil, se debe observar que el dedo pulgar esté paralelo al dedo número 2, independientemente de la posición de los otros dedos. Todos los dedos deben estar a la misma distancia de las cuerdas incluido el número 4, para ello se debe girar un poco la muñeca. A la misma vez se debe conseguir que los dedos formen un pequeño arco para poder marcar las cuerdas, esto también se consigue con el movimiento de muñeca. La forma correcta en que los dedos hagan contacto con la cuerda es con la yema de los dedos y lo más cerca posible de la barra de metal (traste), si por el contrario el contacto con la cuerda se realiza más hacia el espacio entre las varillas, la presión deberá ser mayor y se pueden producir sonidos desagradables.

Para poder conseguir un sonido nítido es necesario una buena sincronización de la correcta colocación de los dedos (arqueados, misma altura hacia las cuerdas, dedo pulgar paralelo a dedo número 2), contacto correcto con las cuerdas (yema de los dedos, lo más cerca posible de la barra), y evitar que las cuerdas puedan rozar en la mano (posición arqueada).

Es muy importante conseguir una posición adecuada de las manos, aunque al principio es una tarea que resulta monótona, esto nos va a permitir lograr el dominio del instrumento.

Uno de los problemas que se presentan al principio, es conseguir independizar la mano derecha de la izquierda (parar el ritmo al cambiar de acorde, apretar excesivamente los acordes al acentuar algún golpe con la mano derecha, etc.), una buena sincronización sólo se consigue con muchos ejercicios y por supuesto, mucha práctica.

También se debe de tener en cuenta al tocar la melodía la intensidad de los golpes, a menos que se haga alguna acentuación, todas las notas deben ser tocadas con la misma intensidad, ya sea con arpegios o con rasgueo, aquí el dedo que puede presentar más problemas es el meñique, ya que es el menos ejercitado.

7. Afinación de la Guitarra

Ya sea para el estudio, práctica o presentación en público, la guitarra debe estar afinada correctamente, tanto para evitar notas o sonidos deformados como para evitar crear malos hábitos sonoros. El sistema ideal para la afinación de la guitarra es el "Afinador Electrónico", un aparato pequeño que se puede encontrar en cualquier tienda de instrumentos musicales.

Este afinador viene preparado para afinar por el sonido que recibe a través de un pequeño micrófono incorporado, por vibraciones del instrumento, o bien se le puede conectar directamente una guitarra eléctrica, o a una acústica si tiene pastilla o micrófono.

El método es muy sencillo, basta con percutir la cuerda que queremos afinar y el afinador nos indicará si esa es la nota correcta; si señala otra nota se debe girar la clavija correspondiente hasta que señale la nota que queremos afinar. Una vez que señale la cuerda correcta, el afinador suele tener tres indicadores que nos pueden indicar lo siguiente: el central que suele ser de color verde nos indicará que está correctamente afinada, el de la derecha de color rojo indica que está más aguda por lo que habrá que aflojar un poco la clavija y el de la izquierda también de color rojo que indica que está más grave, por lo que habrá que apretar un poco más la clavija, es decir, hay que conseguir que el afinador indique el central de color verde. La mayoría de las pedaleras de efectos de sonido traen incorporado un afinador.

Otro método de afinación que requiere más práctica y sobre todo más educación del oído es el que utiliza un Diapasón, esta herramienta nos da la nota La, que es la que produce la 5ta cuerda de la guitarra al aire.

Una vez que hemos afinado la 5 a cuerda con el mismo sonido que nos da el Diapasón debemos afinar el resto de las cuerdas a partir de esta, de la siguiente forma:

- o 6ta cuerda: Con el 5to traste pulsado debe sonar igual que la 5ta cuerda al aire.
- o 4ta cuerda: Igual sonido que la 5ta cuerda con el 5to traste pulsado.
- o 3ra cuerda: Igual sonido que la 4ta cuerda con el 5to traste pulsado.
- o 2da cuerda: Igual sonido que la 3ra cuerda con el 4to traste pulsado.
- o 1ra cuerda: Igual sonido que la 2da cuerda con el 5to traste pulsado.

Otro método que suelen utilizar los músicos experimentados consiste en tocar armónicos en la cuerda que quieren afinar, de manera que el sonido que se produce es como un sonido muy fino y metálico, si este sonido es continuo está bien afinada, si por el contrario presenta ligeras oscilaciones hay que ajustar su afinación, pero no se debe afinar el instrumento así cuando se es principiante y aun no se domina las sonoridades de la guitarra.

Un dato a tener en cuenta a la hora de afinar la guitarra y que también debemos de tener en cuenta a la hora de cambiar las cuerdas, es no hacerlo de una manera consecutiva, es decir, empezar por la 1ra cuerda y terminar en la 6ta o viceversa. Conviene hacerlo una cuerda sí y otra no y luego las que hemos ido dejando entre medias, sobre todo en el caso de las guitarras eléctricas con puente flotante, estas guitarras tienen un sistema de microafinación y si se hacen todas seguidas conforme se van afinando las cuerdas, las 2-3 anteriores se van desafinando debido a los cambios de tensiones entre el mástil y el puente (esto es mejor dejarlo a guitarristas experimentados)

En el caso de cambiar las cuerdas, no es conveniente quitar todas y poner todas las nuevas a la vez, conviene quitarlas y ponerlas una a una para evitar los cambios de tensiones bruscos en el mástil.

LECCIÓN II: "PRINCIPIOS BÁSICOS DE SOLFEO Y CIFRADO"

1. Solfeo

No es necesario tener conocimientos muy amplios de Solfeo para poder tocar la guitarra, hay muchas personas que han aprendido las posiciones de los acordes, han educado su oído musical y tocan de maravilla; algunos de los más grandes y exitosos guitarristas tienen conocimientos muy básicos y son autodidactas.

Estos conocimientos básicos, así como poder interpretar Pentagramas y Tablaturas, os va a ayudar enormemente en el avance del aprendizaje y perfeccionamiento de los conocimientos.

Lo primero y fundamental que debéis conocer son las notas musicales, estas son 7:

Do, **Re**, **Mi**, **Fa**, **Sol**, **La** y **Si**.

La progresión que siguen, así como la distancia entre ellas las podéis observar en este gráfico:

ALTERACIÓN		DO#	RE#			FA#	SOL#	LA#		
NOTA MUSICAL	DO		RE		MI	FA		SOL	LA		SI	DO
INTERVALO (TONOS)	1		1		1/2	1		1	1		1/2

O bien en este otro:

ALTERACION		REb		MIb		SOLb	LAb		SIb	
NOTA MUSICAL	DO		RE		MI	FA	SOL	LA		SI	DO
INTERVALO (TONOS)		1		1	1/2	1		1	1	1/2

La diferencia entre uno y otro es que en el primero nos encontramos los semitonos representados en sostenidos (#) y en el segundo representados en bemoles (b). Estas notas se pueden ver muy bien representadas en el piano, donde las teclas blancas hacen referencia a las notas musicales naturales y las negras se corresponden con las alteraciones, (sostenidos o bemoles).

Estos gráficos representan lo siguiente:

- o Desde **Do** hasta **Re** hay un tono: En el medio se encuentra el semitono **Do#** o **Reb**
- o Desde **Re** hasta **Mi** hay un tono: En medio se encuentra el semitono **Re#** o **Mib**
- o Desde **Mi** hasta **Fa** hay medio tono: No existe semitono intermedio
- o Desde **Fa** hasta **Sol** hay un tono: En medio se encuentra el semitono **Fa#** o **Solb**
- o Desde **Sol** hasta **La** hay un tono: En medio se encuentra el semitono **Sol#** o **Lab**

- Desde La hasta Si hay un tono: En medio se encuentra el semitono **La#** o **Sib**
- Desde **Si** hasta **Do** hay medio tono: No existe semitono intermedio.

La música es un lenguaje universal que se puede escribir, de manera que pueda ser entendido sin ser escuchado. Los pentagramas están formados por plantillas de 5 líneas horizontales, a las que se le pueden unir líneas adicionales (fragmentos de líneas por arriba o por debajo para escribir las notas que se salen de la escala del pentagrama), lo que sucede cuando se representen notas muy agudas o muy graves. Un pentagrama está dividido en compases que se representa por líneas verticales o barra de compases que van dividiendo el pentagrama e indican períodos de tiempo iguales en los que se divide una frase musical.

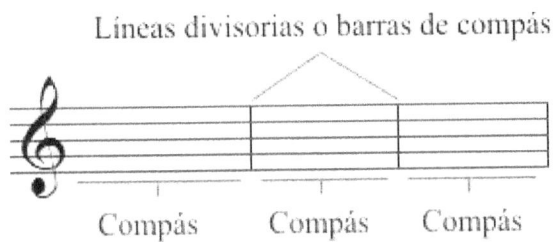

Al principio del pentagrama se encuentran dos números escritos uno sobre el otro, que nos indican cuántas partes tiene un compás.

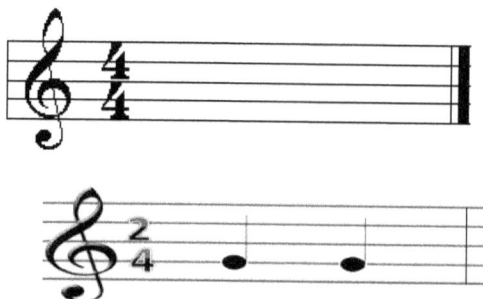

El compás sirve para establecer la duración de las notas, se pueden encontrar compases de 4:4 (también llamado compasillo que se puede representar con una "C"), compases de 3:4, de 2:4 (también llamado binario), compases de 6:8...y otros.

2. Sobre el valor de las notas musicales

Es importante saber tres cosas con respecto a una nota: su tonalidad, su duración y cuándo hay que empezar a tocarla. Hay siete valores diferentes de duración de una nota, desde la "redonda" hasta la "semifusa". Sin embargo, su duración no sólo depende de la nota, sino también del compás de la pieza musical, una redonda durará más en un tema de aire lento que en un tema de aire rápido.

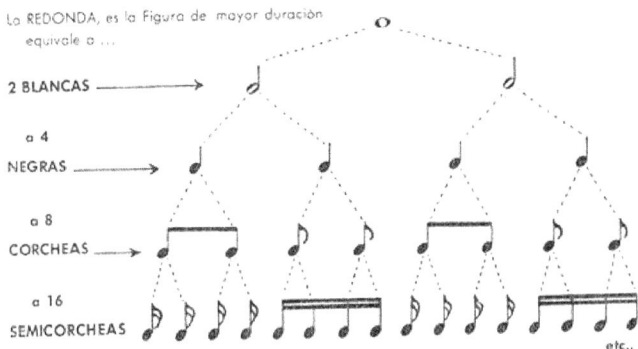

Esquemáticamente se puede decir que:

Una redonda equivale a dos blancas, una blanca a dos negras, una negra a dos corcheas, una corchea a dos semicorcheas, etc. O lo que es igual, una redonda equivale a dos blancas o cuatro negras u ocho corcheas y así sucesivamente.

Si una nota va seguida de un puntillo, su valor de tiempo aumenta una mitad. Por ejemplo, una blanca seguida de un puntillo, equivale a una blanca más una negra. También nos podemos encontrar que dos notas de la misma tonalidad están unidas por una línea curva, esta línea se conoce con el nombre de ligadura y su función también es la aumentar la duración de la nota, por ejemplo dos negras ligadas equivalen a una nota blanca.

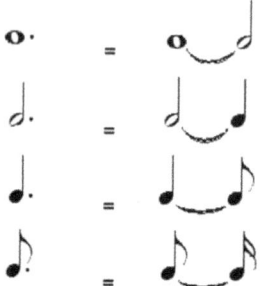

Silencios: Al igual que las notas tienen su duración, también existen una serie de símbolos que indican un silencio; como su propio nombre indica no existe ningún sonido, pero sí hay que respetar su duración.

Silencios de:

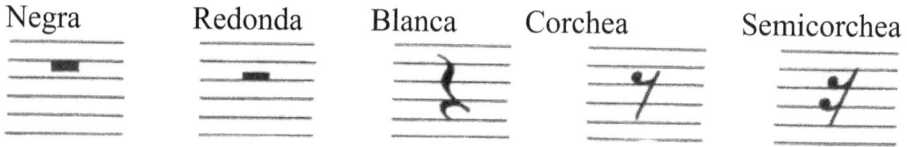

El compás determina la duración de las notas, ya que, dentro de un compás, el valor total de las notas y símbolos no puede ser superior al valor del compás. Por ejemplo, tomando el compás de compasillo (4:4), quiere decir que en ese compás se encuentra una nota (que tiene valor cuatro), o cuatro negras (cada una con valor un), o dos blancas (cada una con valor dos). O bien se encuentran tres negras y un silencio de negra, o dos blancas y un silencio de blanca.

Si fuera un compás de 3:4, no se puede encontrar una redonda, porque el valor de la redonda es 4, y el compás indica que no puede superar la duración 3, sin embargo, sí se encuentran 3 negras o una blanca y una negra, o una blanca y un silencio de negra…etc.

Resumiendo, el tiempo del compás viene determinado al principio del pentagrama por un número escrito sobre otro, ese número indica que cada compás (espacio entre dos líneas verticales) es el total de la duración de notas y símbolos que están escritos en ese compás.

Sobre las líneas del pentagrama y sus espacios es donde vamos a escribir las notas y demás signos musicales. Estos pueden ser:

Claves: Al principio de la plantilla nos vamos a encontrar una clave que nos va a indicar la posición de las notas en el pentagrama, existen tres claves, pero solo estudiaremos dos:

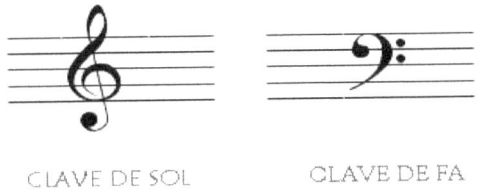

CLAVE DE SOL   CLAVE DE FA

Clave de Sol: Cuando aparece **la Clave de Sol** al principio del pentagrama, esta indica que la nota **Sol**, se sitúa justo sobre la 2da línea de la plantilla empezando desde abajo, y a partir de ahí hacia arriba y hacia abajo se colocan el resto de las notas siguiendo la escala.

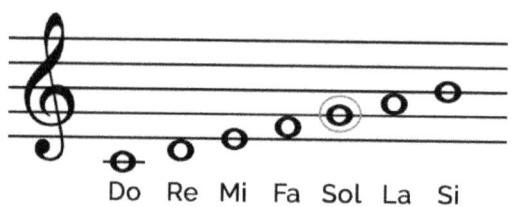

Clave de Fa: Indica que la nota **Fa** se sitúa sobre la 4ta línea y todas las demás según esa referencia.

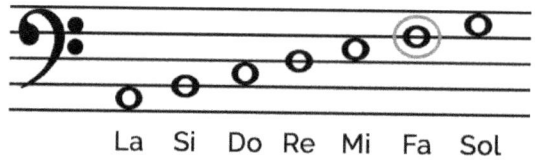

En la guitarra se encuentran solamente partituras en **Clave de Sol**, el bajo utiliza la **Clave de Fa** y otros instrumentos como puede ser el piano utiliza ambas claves, la **Clave de Sol** sería para la mano derecha y la **Clave de Fa** para la mano izquierda.

Alteraciones: Las alteraciones son otros de los símbolos que nos podemos encontrar en un pentagrama.

Al principio o a lo largo de un pentagrama se pueden encontrar sobre una línea de la plantilla o bien sobre un espacio un símbolo de sostenido (#) o un bemol (b), esto quiere decir que durante toda la pieza o hasta que encuentre un símbolo que anule lo anterior la nota que corresponde tiene una alteración. Suponiendo que se encuentre el símbolo (#) sobre la 2da línea del pentagrama, este indica que la nota que se debe tocar cada vez que corresponda no es **Sol**, sino **Sol**#.

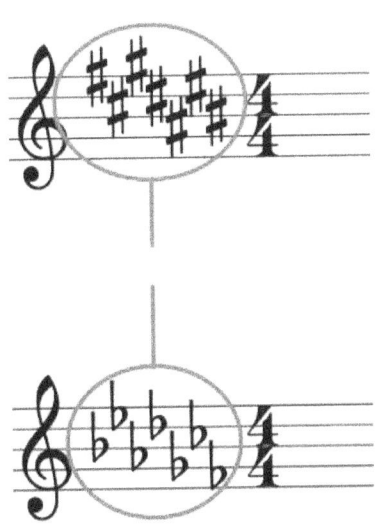

En el pentagrama también se pueden encontrar otros signos como la doble barra con dos puntos, lo que indica repetición, se tiene que repetir desde el comienzo (si no hubiera ninguna otra indicación), hasta el final. También se pueden encontrar abreviaturas como **D.C.** (Da Capo), o letras que indican la fuerza de la pieza musical, por ejemplo, la letra "**p**" indica **piano=dulce**, "**pp**" indica **pianissimo=muy**

dulce, "f" indica **forte** y "ff" indica **fortísimo**. Estas indicaciones pueden ir acompañadas de los signos k" y '1 > '1, que indican de menos a más fuerte o viceversa.

El aire de una pieza suele venir indicado con palabras italianas como Lento, Adagio, Andante, Moderato, Allegro, etc.

3. Cifrado Musical

Para facilitar el estudio de la Guitarra y no sólo de la Guitarra sino de todos los instrumentos de cuerda, desde hace mucho tiempo se utiliza la sustitución de las notas musicales por números, lo que se conoce con el nombre de Cifrado o Tablatura.

El Cifrado de las notas musicales se representa sobre una plantilla de seis líneas, cada una de estas líneas representa una cuerda de la Guitarra y se leen en el siguiente orden teniendo en cuenta que la posición de referencia es la establecida para para tocar la guitarra, por lo que la 1ra línea que equivale a la 1ra cuerda es la que se encuentra abajo, y el resto hacia arriba.

- 1ra línea equivale a la 1ra cuerda
- 2da línea equivale a la 2da cuera
- 3ra línea equivale a la 3ra cuerda
- 4ta línea equivale a la 4ta cuerda
- 5ta línea equivale a la 5ta cuerda

o 6ta línea equivale a la 6ta cuerda

Sobre estas líneas que representan las cuerdas se escriben los números que representan las notas musicales, pero al mismo tiempo indican el Traste (espacio del Diapasón) donde debe de pulsarse para producir ese sonido. Todo esto se entenderá mucho mejor con el siguiente ejemplo:

Observar el gráfico, sobre lra línea está escrito el número 1, eso quiere decir que se debe presionar el primer traste de la 1ra cuerda, en la 3ra cuerda el segundo traste y en la 5ta cuerda el tercer traste. El 0 significa la cuerda al aire.

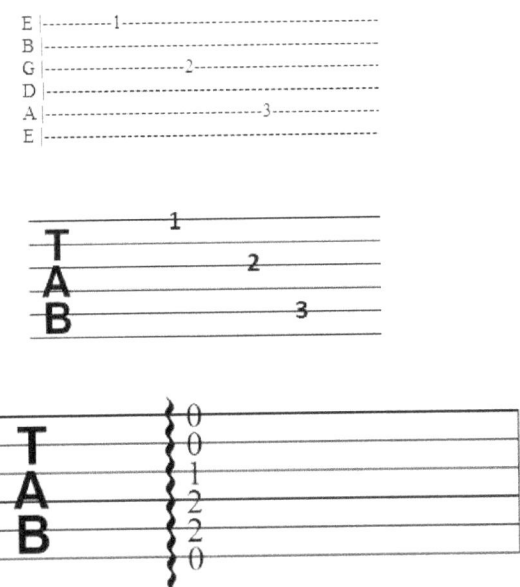

El mismo gráfico se puede encontrar también así:

```
----------1(1)-----------------------------
--------------2(2)-------------------------
-------------------4(3)--------------------
-------------------------0-----------------
----------------------------------3(3)-----
-------------------------------------------
```

Los números pequeños dentro de paréntesis indican con qué dedo de la mano izquierda se debe presionar la cuerda, teniendo en cuenta la numeración de cada dedo, presentada anteriormente.

En el Cifrado también se indica la duración de las notas, aunque normalmente en la mayoría de las Tablaturas que aparecen en Internet no se encuentran. Los signos que indican la duración son:

o Los números solos sin otro signo equivalen a las redondas.
o Los números con una rayita vertical debajo equivalen a las blancas.
o Los números con una rayita vertical debajo y un punto equivalen a las negras.
o Los números con un corchete debajo o unidos por una barra equivalen a las corcheas.
o Los números con un punto a la derecha aumentan su duración en la mitad de su tiempo.

Y también se encuentran los signos de "silencio" que son iguales y se representan de la misma forma que en el solfeo habitual.

LECCIÓN III "CONSTRUCCIÓN DE ACORDES"

1. Introducción

Un acorde es una combinación de notas musicales que se puede construir a partir de dos notas y hasta seis, aunque la regla general dice que un acorde está construido por un mínimo de tres notas diferentes.

Se pueden encontrar muchos libros donde aparecen representados gráficamente todos o la gran mayoría de los acordes. Solo aprendiendo a ejecutar esas posiciones de manera rápida y ágil se puede tocar la guitarra de manera notable; pero es importante entender y aprender su construcción para no tocar de manera mecánica o forzada.

2. Nomenclatura de Acordes

Es importante conocer la nomenclatura de los acordes, ya que se pueden encontrar representados de diferentes formas:

En algunas ocasiones, se puede encontrar que un acorde está representado como su propio nombre indica, es decir:

- **Do** Mayor: DoM
- **Do** Menor: Dom

- **Re** Mayor: ReM
- **Re** Menor: Rem

Y así sucesivamente, pero lo más común actualmente en el mundo de la música es encontrarlo representado mediante un cifrado que asigna una letra para cada nota, quedando de la siguiente manera:

Do Re Mi Fa Sol La Si Do
C D E F G A B C

Así el acorde de Do se puede encontrar de las siguientes maneras:

Do Mayor: DoM / C / C+
Do Menor: Dom / Cm / C-

A continuación, he diseñado un cuadro con el cifrado más común, que es lo más utilizado para tocar.

Acordes	Mayor	Menor	Mayor 7° mayor	Mayor 7° menor	Menor 7° mayor	Menor 7° menor
Do	C	Cm	CMaj7	C7	CmMaj7	Cm7
Re	D	Dm	DMaj7	D7	DmMaj7	Dm7
Mi	E	Em	EMaj7	E7	EmMaj7	Em7
Fa	F	Fm	FMaj7	F7	FmMaj7	Fm7
Sol	G	Gm	GMaj7	G7	GmMaj7	Gm7
La	A	Am	AMaj7	A7	AmMaj7	Am7
Si	B	Bm	BMaj7	B7	BmMaj7	Bm7

3. Construcción de Acordes

Un acorde (por lo general), está formado por una combinación de tres notas diferentes, y continuación se puede ver como se eligen esas notas, su nombre y significado.

Tónica: Es la nota que le da el nombre al acorde y a partir de la cual vamos a hallar las demás notas.

Tercera: También llamada modal es la que determina si un acorde es mayor o menor. Si la Tercera se encuentra a una distancia de dos tonos de la Tónica el acorde es Mayor si se encuentra a una distancia de un tono y medio de la Tónica el acorde es menor.

Quinta (5ta) o dominante: También va a depender de la distancia a la que se encuentra de la Tónica. Si la Quinta está a tres tonos y medio de la Tónica se denomina 5ta Justa, si se encuentra a tres tonos se denomina acorde con 5ta disminuida (se representa con un cero pequeño al lado del acorde en la parte superior) por ejemplo Bm0 / Si menor con 5ta disminuida y si la 5ta se encuentra a cuatro tonos de la Tónica se denomina acorde con 5ta aumentada (se suele representar con el signo "+" al lado del acorde) por ejemplo C+ /Do Mayor con 5ta aumentada.

Tomando como ejemplo el acorde de **Do**, la tercera nota desde **Do** es **Mi**. La tercera nota que compone el acorde es la llamada 5ta o dominante y al igual que la Tercera se obtiene contando de forma ascendente a partir de la Tónica, en el caso de **Do** la 5ta sería **Sol**.

Do **Re** Mi **Fa** Sol

Así se obtienen las notas que componen el acorde de **Do**, que son: **Do**, **Mi** y **Sol**. De la misma forma se obtienen todos los acordes, vamos a hacer otro ejemplo para hallar el acorde de **Fa**

Contamos a partir de **Fa** que es el acorde que se va a construir, por lo tanto, **Fa** sería la 1ra nota (Tónica), contando desde Fa la 3ra nota es **La** por lo tanto esta sería la segunda nota que compone el acorde de **Fa**. Y por último la 5ta desde **Fa** es **Do**, con lo cual el acorde de Fa estaría formado por las notas: **Fa**, **La** y **Do**.

Fa **Sol** La **Si** Do **Re**

Hasta aquí hemos visto como construir un acorde básico formado por una tríada de notas, antes de ampliar la teoría sobre la construcción de estos acordes con más notas vamos a analizar el significado de cada una de las notas que componen la tríada, con la ayuda de un gráfico donde está representado la progresión de la escala musical con la distancia en tonos que existe entre unas notas y otras:

ALTERACION		DO#	RE#			FA#		SOL#		LA#	
NOTA MUSICAL	DO		RE		MI	FA		SOL		LA	SI	DO
INTERVALO (TONOS)	1		1		1/2	1		1		1	1/2

Veamos un ejemplo:

En el acorde de **Do** (C), formado por las notas **Do - Mi - Sol**, observando el gráfico anterior, se puede apreciar que la distancia entre **Do** y **Mi** es de dos tonos (desde **Do** hasta **Re** hay un tono y desde **Re** hasta **Mi** hay un tono), por lo tanto, el acorde es **Mayor**.

Sin embargo para hacer que el acorde de **Do** sea **menor** en lugar de **Mayor**, se debe utilizar su Tercera con medio tono más bajo, es decir, la Tercera debe estar a una distancia de un tono y medio de la Tónica, por lo tanto la Tercera ya no sería la nota **Mi**, sino **Mib** (bemol, semitono entre **Re** y **Mi** también llamado **Re#**,), si se observa nuevamente el gráfico anterior se puede apreciar que entre **Do** y **Re** hay un tono y entre **Re** y **Mib** o **Re#** hay medio tono, con lo cual se obtiene la distancia de un tono y medio de la Tercera, lo que determina que el acorde sea menor y el acorde de **Do** menor (Cm) queda de la siguiente manera: **Do - Mib - Sol**.

Veamos otros ejemplos:

El acorde de **Do** (C) está formado por **Do - Mi - Sol**, donde **Sol** es la 5ta y observando la gráfica anterior, se puede apreciar que esta nota se encuentra a una distancia de tres tonos y medio, por lo tanto es **5ta Justa**, si se quiere hacer que este acorde sea con **5ta disminuida** (tres tonos) se debe quitar medio tono y se quedaría de la siguiente manera: **Do - Mi - Solb** y si por el contrario queremos hacerlo con 5ta aumentada, se debe aumentar medio tono y quedaría como **Do - Mi - Sol#.**

Para identificar rápidamente la **Tónica**, **Tercera** y **Quinta** de un acorde se puede utilizar un gráfico que hace que todo sea más fácil:

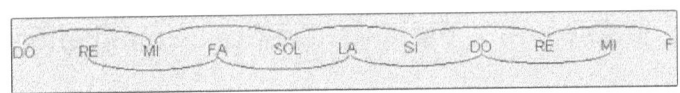

Simplemente se elige la **Tónica** del acorde que se quiere formar y siguiendo las líneas que van saltando de unas notas a otras se pueden identificar las **Terceras** y **Quintas** correspondientes.

Es aconsejable dedicar tiempo a esta teoría, hacer ejercicios prácticos construyendo acordes, tanto mayores como menores, con 5ta Justa, aumentada y disminuida. Es muy importante dominar estos conceptos sobre la construcción de acordes y conocer perfectamente la distancia entre los tonos.

En las siguientes secciones de este capítulo comienza el estudio de la construcción de acordes mayores y menores, y la adición de una nota a esa construcción, la Séptima.

4. Acordes Mayores

La sección anterior explica que un acorde mayor es aquel en el que la Tercera se encuentra a dos tonos de la Tónica. A continuación, vamos a construir los acordes mayores naturales y para ayudarnos utilizaremos los gráficos de la sección anterior y una representación gráfica del trastero, lo que nos va a permitir identificar rápidamente las notas.

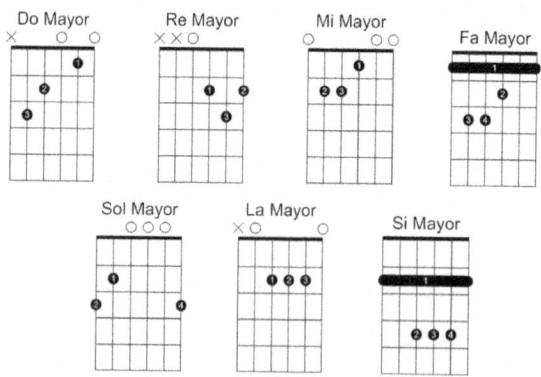

Do Mayor donde:
- C: Es la Tónica.
- E: Es la 3ra (a dos tonos de la Tónica)
- G: Es la 5ta (a tres tonos y medio de la Tónica)

Re Mayor donde:
- D: Es la Tónica
- F#: Es la 3ra (a dos tonos de la Tónica)
- A: Es la 5ta (a tres tonos y medio de la Tónica)

Mi Mayor donde:
- E: Es la Tónica
- G: Es la 3ra (a dos tonos de la Tónica)
- B: Es la 5ta (a tres tonos y medio de la Tónica)

Fa Mayor donde:
- F: Es la Tónica
- A: Es la 3ra (a dos tonos de la Tónica)
- C: Es la 5ta (a tres tonos y medio de la Tónica)

Sol Mayor donde:
- G: Es la Tónica
- B: Es la 3ra (a dos tonos de la Tónica)
- D: Es la 3ra (a tres tonos y medio de la Tónica)

La Mayor donde:
- A: Es la Tónica

- C#: Es la 3ra (a dos tonos de la Tónica)
- E: Es la 5ta (a tres tonos y medio de la Tónica)

Si Mayor donde:
- B: Es la Tónica
- D#: Es la 3ra (a dos tonos de la Tónica)
- F#: Es la 5ta (a tres tonos y medio de la Tónica)

Se debe observar que cuando la 3ra nota de la tríada está a una distancia de un tono y medio, se le añade medio tono, obteniendo una nota con un sostenido, para conseguir los dos tonos necesarios entre la Tónica y la Tercera para que el acorde sea mayor.

5. Acordes Menores

La característica que identifica un acorde menor es la distancia tonal que existe entre la Tónica y su Tercera, y esta distancia es un tono y medio.

Para formar las tríadas de los acordes menores, volvemos a utilizar los gráficos anteriores donde se formaron los acordes mayores:

ACORDES MENORES

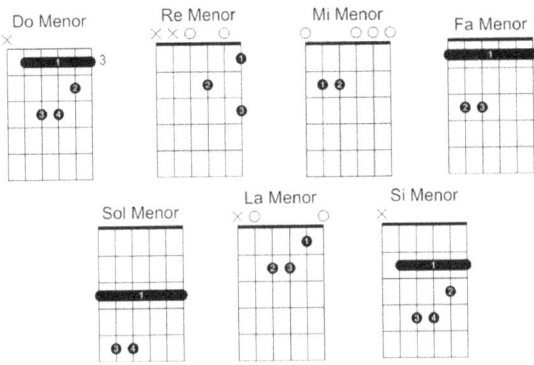

Do Menor donde:
- C: Es la Tónica.
- D#: Es la 3ra (a un tono y medio de la Tónica)
- G: Es la 5ta (a tres tonos y medio de la Tónica)

Re Menor donde:
- D: Es la Tónica
- F: Es la 3ra (a un tono y medio de la Tónica)
- A: Es la 5ta (a tres tonos y medio de la Tónica)

Mi Menor donde:
- E: Es la Tónica
- G: Es la 3ra (a un tono y medio de la Tónica)
- B: Es la 5ta (a tres tonos y medio de la Tónica)

Fa Menor donde:
- F: Es la Tónica

- G# Es la 3ra (a un tono y medio de la Tónica)
- C: Es la 5ta (a tres tonos y medio de la Tónica)

Sol Menor donde:
- G: Es la Tónica
- A#: Es la 3ra (a un tono y medio de la Tónica)
- D: Es la 5ta (a tres tono y medio de la Tónica)

La Menor donde:
- A: Es la Tónica
- C: Es la 3ra (a un tono y medio de la Tónica)
- E: Es la 5ta (a tres tonos y medio de la Tónica)

Si Menor donde:
- B: Es la Tónica
- D: Es la 3ra (a un tono y medio de la Tónica)
- F#: Es la 5ta (a tres tonos y medio de la Tónica)

Se puede observar que cuando la 3ra nota de la tríada está a una distancia de dos tonos de la Tónica, se quita medio tono para obtener la distancia de un tono y medio con respecto a la Tónica, característica del acorde menor. Si se comparan las posiciones de los acordes mayores con los menores, se puede observar que en algunas ocasiones basta con bajar medio tono y en otras ocasiones se ha invertido el acorde.

6. Acordes con **Séptima**s

Hasta el momento hemos podido estudiar las tríadas de acordes mayores y menores, es decir, la construcción de esos acordes utilizando solamente tres notas, ahora vamos a construir cuatriadas y para ello tenemos que añadir una cuarta nota a esa tríada que en este caso será llamada Séptima.

¿Cuál es la **Séptima**?, es muy fácil de identificar, es aquella nota que contada a partir de la Tónica (en la escala) es la número 7, o lo que es lo mismo, es la nota anterior a la Tónica en la escala musical. Por lo tanto, la **Séptima** de **Do** es **Si**, la **Séptima** de **Re** es **Do**, la **Séptima** de **Mi** es **Re** y así sucesivamente.

Al igual que los acordes pueden ser mayores o menores, la Séptima también puede ser mayor o menor. Cuando la Séptima está a medio tono de la Tónica es Séptima Mayor y se representa como **Maj7**, (por ejemplo, **CMaj7** = **Do Mayor con 7ma** Mayor) y cuando se encuentra a un tono de la **Tónica** es **Séptima** menor se representa solamente con un 7 al lado del acorde (por ejemplo, **C7** = **Do Mayor** con **7ma menor**).

Veamos cuáles serían las **Séptimas** que le corresponderían a cada nota, según sea Mayor o Menor.

Nota	7ma Mayor (medio tono)	7ma menor (un tono)
Do	Si	Sib
Re	Do#	Do
Mi	Re#	Re
Fa	Mi	Mib
Sol	Fa#	Fa
La	Sol#	Sol
Si	La#	La

¿Dónde se coloca esta nota? Su colocación también es fácil, se marca la posición normal del acorde, se identifica donde se repite la Tónica del acorde y se baja medio tono o un tono dependiendo de si se quiere poner Séptima Mayor o menor. La Tónica del acorde también es fácil de identificar, normalmente es la primera Tónica que se encuentra en la posición del acorde contando desde la 6ta a la 1ra cuerda, por ejemplo, Do Mayor:

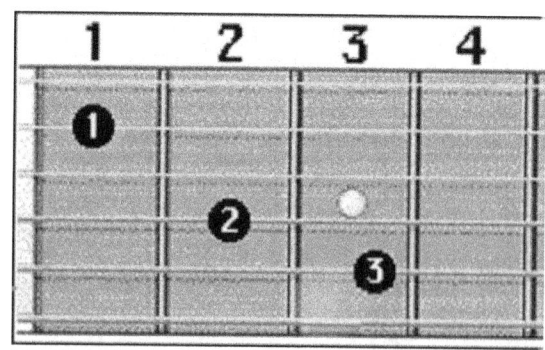

Se puede observar que en el traste 3ro de la 5ta cuerda (marcada con el dedo 3), se encuentra el primer **Do,** por lo tanto ese **Do** es la Tónica del acorde. Se vuelve a repetir en el 1er traste de la 2da cuerda, ahí es donde se debe sustituir para poner la 7ma.

7. Construcción de acordes de Séptima

Aquí hay una serie de acordes que se utilizan generalmente para resolver progresiones y descansar en la Tónica. Estos acordes tienen la estructura base de los acordes mayores, pero se agrega la Séptima menor (la séptima menor se encuentra a un tono de la octava).

Aquí les dejo una imagen donde se pueden apreciar mejor los acordes mayores con Séptima.

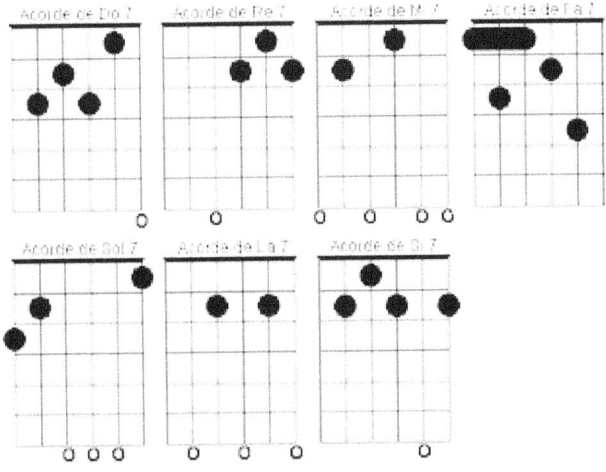

El **Fa Mayor 7ma** puede o no tener presionada la nota del cuarto traste de la 2da cuerda, puede hacerse simplemente haciendo una cejilla en el primer traste y las otras dos notas que aparecen en la imagen.

La **7ma menor** se obtiene disminuyendo un tono la **Tónica**. Tomando como referencia la posición de los Acordes Mayores vamos a identificar las 7ma correspondiente para construir los acordes mayores con 7ma menor añadiendo una nota a la tríada.

Estos acordes sufren un cambio desde la estructura base de los mismos. Aquí la Tercera es menor (está a un tono y medio de la Tónica), la Quinta sigue siendo justa (está a tres tonos y medio de la Tónica), y la Séptima es menor (está a un tono de la octava). Según en el lugar de la guitarra en el que estemos marcando, nos convendrá ejecutar el acorde de una u otra manera.

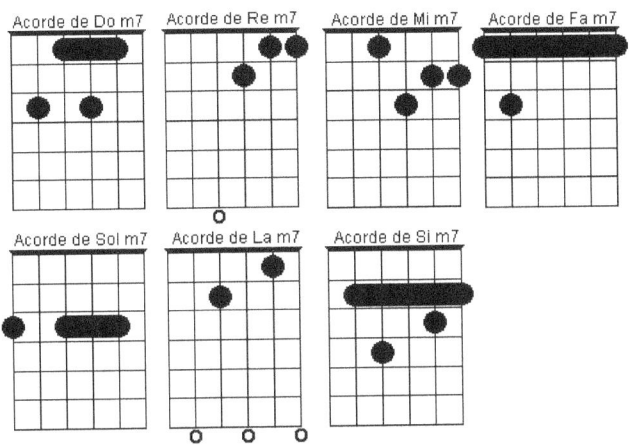

8. Inversión de Acordes. Concepto y realización

Para entender bien este proceso, veamos el siguiente gráfico, que nos va a permitir localizar rápidamente las notas que están actuando dentro del acorde.

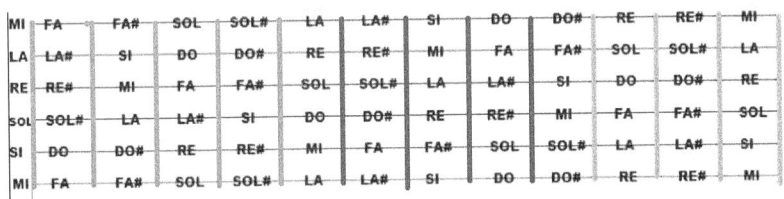

Veamos las cuatro posiciones de acordes:

A simple vista, para aquellos que están iniciando, puede parecer que son acordes diferentes; sin embargo, no es así. Las cuatro figuras corresponden al acorde de Do Mayor y para que se pueda entender fácilmente veamos cada una de las figuras.

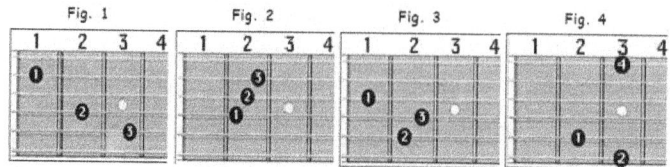

Como ya sabéis, el acorde de Do Mayor está formado por la siguiente tríada de notas: Do (Tónica) Mi (3ra) Sol (5ta), veamos el análisis de las figuras:

Do Mayor en su posición natural / (o abierta)

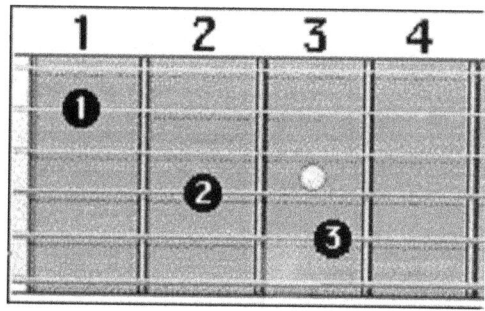

- 1ra Cuerda al aire, estamos dando la nota Mi (3ra)
- 2da Cuerda estamos dando Do (repetición de la Tónica)
- 3ra Cuerda al aire, estamos dando la nota Sol (5ta)
- 4ta Cuerda estamos dando Mi (3ra)
- 5ta Cuerda estamos dando Do (Tónica)
- Do Mayor con figura de La Mayor

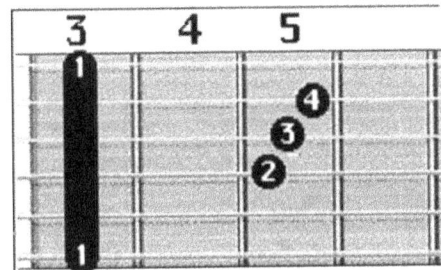

- 1ra Cuerda, estamos dando Sol (5ta)
- 2da Cuerda, estamos dando Mi (3ra)
- 3ra Cuerda, estamos dando Do (repetición de la Tónica)
- 4ta Cuerda, estamos dando Sol (5ta)
- 5ta Cuerda, estamos dando Do (Tónica)
- Do Mayor con figura de Mi Mayor

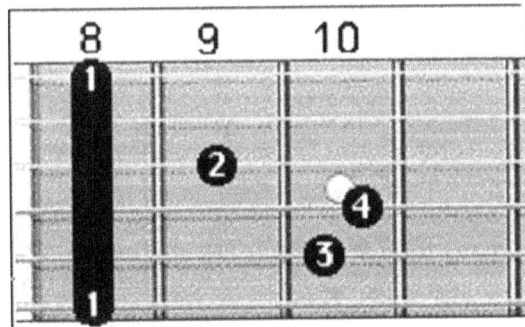

- 1ra Cuerda, estamos dando Do (repetición de Tónica)
- 2da Cuerda, estamos dando Sol (5ta)
- 3ra Cuerda, estamos dando Mi (3ra)
- 4ta Cuerda, estamos dando Do (repetición de Tónica)

- 5ta Cuerda, estamos dando Sol (3ra)
- 6ta Cuerda, estamos dando Do (Tónica)
- Do Mayor con figura de Sol Mayor

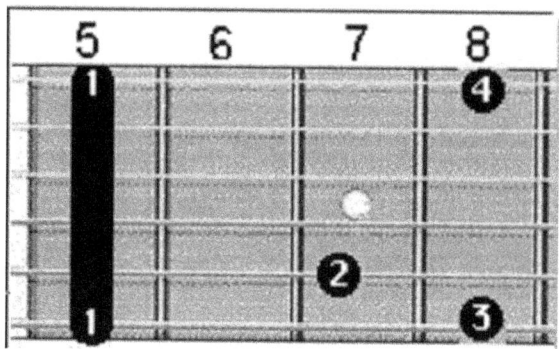

- 1ra Cuerda, estamos dando Do (repetición de Tónica)
- 2da Cuerda, estamos dando Mi (3ra)
- 3ra Cuerda, estamos dando Do (repetición de Tónica)
- 4ta Cuerda, estamos dando Sol (5ta)
- 5ta Cuerda, estamos dando Mi (3ra)
- 6ta Cuerda, estamos dando Do (Tónica)

Se puede observar que en las cuatro figuras las notas que actúan son siempre las mismas: la tríada que forma el Acorde de Do Mayor (Do como Tónica, Mi como 3ra y Sol como 5ta), esto es lo que se conoce con el nombre de Inversión de un Acorde, que más o menos viene a decir que están sonando las mismas notas, pero de forma invertida dependiendo de la posición, en una posición nos encontraremos: Tónica -3ra -5ta y en otras: Tónica -5ta -3ra.

Por esta razón, cuando nos encontramos con alguna Tablatura o Cifrado es común que al realizar el acorde que viene referido, no nos suene exactamente con el mismo tono o voz, y en este caso me estoy refiriendo a los archivos que podemos encontrar por la red, donde no se especifica la posición del acorde. Efectivamente, es ese acorde el que se utiliza, pero habría que buscar la inversión correcta en la que se está tocando.

Para entender un poco más el tema de las Inversiones, vamos a ver una serie de conceptos que nos van a facilitar enormemente la tarea de realizarlas o entenderlas. Hay una serie de posiciones de acordes conocidas como abiertas o naturales a partir de las cuales vamos a obtener otros acordes simplemente variando su colocación en el trastero. Vamos a realizar el ejemplo con el acorde Mi Mayor, pero igualmente podríamos utilizar La Mayor, La menor, etc.

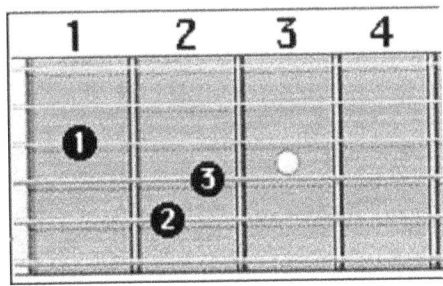

Esta es la posición de Mi Mayor, podemos decir que es una posición natural o abierta. Si desplazamos un traste (semitono) esa misma posición a lo largo del trastero obtenemos lo siguiente:

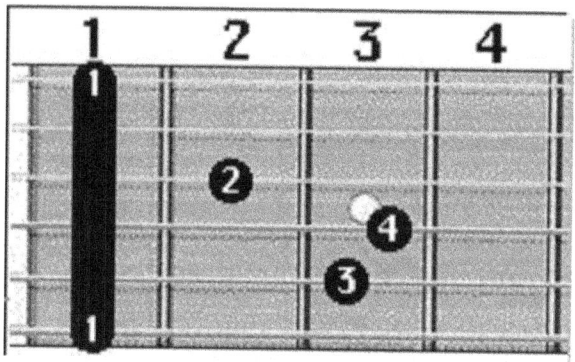

Podéis observar que los dedos 2-3-4 están ocupando la misma posición que ocupaban anteriormente 1-2-3, sólo que desplazados un traste o mejor dicho un semitono, y el dedo un actúa ahora como cejilla, sustituyendo a la cejilla natural de la guitarra. De esta forma obtenemos el Acorde Fa Mayor: Fa (dedo 3) como Tónica, La (Dedo 2) como 3ra y Do (Dedo 1 en el 2do traste) como 5ta. Ahora vamos a desplazar otro semitono esa posición, o si la tomamos desde la posición de Mi Mayor estaríamos desplazando un tono completo.

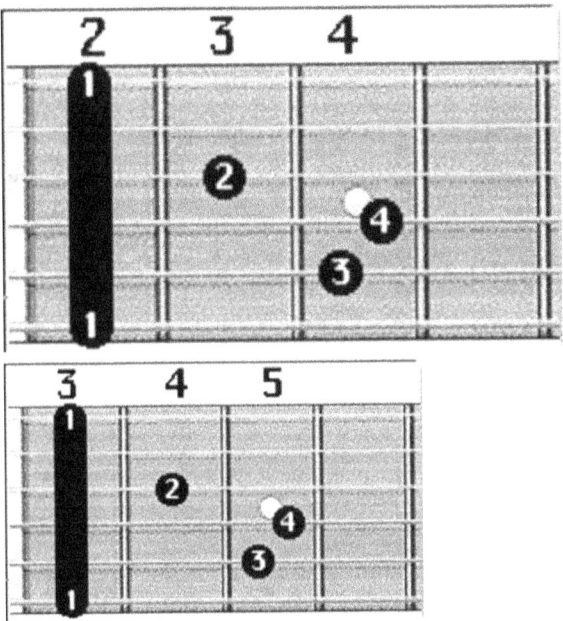

Observad que lo único que hemos hecho es desplazar la misma posición que teníamos en el gráfico superior, un traste o lo que es lo mismo un semitono, por lo tanto, obtenemos el acorde Fa# Mayor. Y siguiendo con esta teoría ahora hemos obtenido el Acorde Sol Mayor.

De esta manera, si seguimos avanzado a lo largo del trastero iremos obteniendo los acordes en la misma secuencia que nos encontramos las notas musicales dentro de la escala, es decir:

Do - Do# - Re - Re# - Mi – Fa - Fa# - Sol - Sol# - La - La#- Si

Así, sí empezamos en el acorde La Mayor y vamos desplazando esa posición aumentando en un semitono (recordar poner la cejilla), iremos obteniendo: La# Mayor - Si Mayor - Do Mayor - Do# Mayor...y así sucesivamente, del mismo modo podemos empezar con cualquier acorde Mi Mayor, Mi menor, La Mayor, La menor...etc.

Como podemos observar, de esta manera, es fácil pasar de un acorde de La Mayor a un Re Mayor con un cambio muy sencillo que sería desplazar la misma posición dos tonos y medio o lo que es lo mismo cinco trastes, ya que cada medio tono se corresponde con un traste. Pero, además, es importante observar ciertos detalles:

En la posición de La Mayor (posición abierta), vemos que la Tónica del acorde está en la 5ta cuerda (al aire), si desplazamos este acorde hacia un Re Mayor, tenemos que avanzar hasta el traste 7mo y la cejilla la debemos colocar en el 5to traste, entonces observamos que la Tónica sigue estando en la misma cuerda, en el 5to traste en la 5ta cuerda estamos pulsando Re, que es la Tónica de Re Mayor.

Es un proceso muy sencillo y básico para aumentar nuestros conocimientos teórico prácticos de guitarra, tengamos presente que se puede realizar con cualquier acorde: Mayor, menor, de Séptima, y otros más complejos.

LECCIÓN IV: LOS ARPEGIOS

1. Arpegios

Tocar los Arpegios es una técnica utilizada con la mano derecha, se puede decir que teóricamente significa sucesión de sonidos, por lo tanto, podemos decir que es una sucesión de sonidos realizados con la mano derecha al ir tocando sobre las cuerdas.

Los arpegios se pueden tocar con líneas de bajos o con líneas melódicas y también se pueden tocar a la vez dos o más cuerdas de forma simultánea. En todos los estilos la forma de realizarlos es utilizando el pulgar para tocar las cuerdas bajas y los demás dedos para las cuerdas altas, que son la primera, segunda y tercera; aunque también se pueden realizar los arpegios utilizando como cuerdas altas la segunda, tercera y cuarta. El pulgar pulsa las cuerdas hacia abajo y el resto de dedos hacia arriba.

Debemos tener en cuenta cual es el bajo que debemos tocar con el dedo pulgar, no es correcto utilizar siempre como norma la 6ta o 5ta cuerda sea cual sea el acorde que utilicemos. El bajo que corresponde a cada acorde es la Tónica de ese acorde, ahora vamos a ver algunas demostraciones de arpegios:

- Arpegio p123 o PIMA: Primero se pulsa el bajo correspondiente con el pulgar (p), luego la tercera cuerda con el dedo un, después la segunda cuerda con el dedo 2 y por último la primera cuerda con el dedo 3, seguidamente nuevamente el bajo y de nuevo las cuerdas altas en la misma progresión p123, p123... Recordar que el pulgar pulsa los bajos hacia abajo y el resto de los dedos hacia arriba.
- Arpegio p321 o PAMI: En esta ocasión empezamos nuevamente con el bajo (p), luego la primera cuerda con el dedo 3, después la segunda cuerda con el dedo 2 y por último la tercera cuerda con el dedo un...así continuamente.
- Arpegio p121 o PIMI: Pulsamos el bajo (p), luego la segunda cuerda con el dedo un, después la primera cuerda con el dedo 2 y terminamos nuevamente con la segunda cuerda con el dedo 1…así continuamente.
- Arpegio p12321 o PIMAMI: Este arpegio es muy utilizado en las baladas, empezamos con el bajo (p), después la tercera cuerda con el dedo un, la segunda cuerda con el dedo 2, la primera cuerda con el dedo 3, la segunda cuerda con el dedo 2 y terminamos otra vez en la tercera cuerda con el dedo 1…así continuamente.

EJERCITACIÓN:

Llegados a este punto, veremos algunos ejercicios, técnicas y ritmos para emplear la mano derecha, de manera que podamos ir pasando de la teoría a la práctica.

A continuación, veremos algunos ejercicios que proporcionan velocidad, destreza y soltura de la mano derecha. Debo indicar la importancia de estos ejercicios, que pueden llegar a ser monótonos, pero que son muy necesarios para evitar malos hábitos, conseguir un avance homogéneo, adquirir destreza y dominar el instrumento. Es aconsejable realizar estos ejercicios en tiempos cortos a intervalos (2-3 veces al día durante 15-20 minutos). Es difícil determinar durante cuánto tiempo deben realizarse estas repeticiones, algunos necesitarán más repeticiones que otros, hasta que sentirse confiado y control del instrumento. No deben intentar saltar pasos para avanzar más deprisa, porque eventualmente notaréis el poco dominio o la falta de seguridad. Se puede cambiar al siguiente ejercicio cuando este se realice de manera mecánica, sin pausas para pensar qué dedo utilizar o qué hay que hacer, cuando el ejercicio se realiza con una velocidad y seguridad considerable.

Ejercicio 1:

Empezaremos por uno muy básico en el que de momento sólo vais a emplear dos dedos de la mano derecha, el índice y medio. De momento olvidemos la mano izquierda, tocar sólo las cuerdas al aire, el ejercicio consiste en lo siguiente:

Tocar la 1ra cuerda con el dedo índice y medio hacia arriba.

Seguidamente tocar la 2da cuerda con los mismos dedos.

Y por último la 3ra cuerda con los mismos dedos.

Volvemos a la 1ra cuerda y comenzamos otra vez.

Ejercicio 2:

Este ejercicio es similar al anterior, excepto porque al finalizar en la 3ra cuerda se regresa al principio, descendiendo, pasando por la 2da, es decir:

Tocar la 1ra cuerda con el dedo índice y medio hacia arriba.

Seguidamente tocar la 2da cuerda con los mismos dedos.

Tocar la 3ra cuerda con los mismos dedos. (Ahora descendiendo)

Tocar la 2da cuerda.

Tocar la 1ra cuerda y ascender pasando a la 2da, luego 3ra y así sucesivamente.

Ejercicio 3:

Este ejercicio es exactamente igual que el Ejercicio 1, con la diferencia de añadimos un tercer dedo que es el anular, por lo demás, utilizamos la misma técnica.

Ejercicio 4:

Este es exactamente igual que el Ejercicio 2 pero al igual que el anterior también añadimos el dedo anular.

Ejercicio 5:

Este ejercicio sigue utilizando la misma técnica que los anteriores, empezamos en la 1ra cuerda, seguimos hasta la 3ra y descender hacia la 1ra. Pero en esta ocasión la variante que vamos a introducir es la siguiente:

Hasta ahora tocábamos cada cuerda de la siguiente manera: dedo índice, medio y anular.

Ahora en cada cuerda haremos esta secuencia: dedo índice, medio, anular, medio nuevamente e índice y pasamos a otra cuerda.

Ejercicio 6:

Vamos a realizar un ejercicio con ambas manos, es muy útil para comenzar a adquirir destreza y la independencia de ambas manos. Es un ejercicio relativamente fácil, quizás donde existe más dificultad es en la manera de explicarlo en teoría sin poder hacer una demostración práctica. Intentaré hacerlo paso a paso de una manera simple:

Con la mano izquierda vamos a utilizar 2 dedos, el índice y el medio. Con ellos vamos a ir pulsando sobre dos trastes, es indiferente los trastes que utilicen, pueden ser el 1ro y 2do o el 3ro y 4to o 4to y 5to, lo que importa es que sean dos trastes consecutivos.

Vamos a empezar en la 6ta cuerda pulsando con el dedo índice de la mano izquierda sobre el primer traste que hemos elegido y a la misma vez golpeamos la cuerda hacia arriba con el dedo índice de la mano derecha.

Sin levantar el dedo índice de la mano izquierda pulsamos con el dedo medio sobre el siguiente traste, y a la misma vez tocamos la cuerda hacia arriba con el dedo medio de la mano derecha.

A continuación, pisamos el primer traste escogido, pero de la cuerda siguiente hacia abajo, es decir, la 5ta cuerda con el dedo índice de la mano izquierda y seguimos manteniendo marcada la 6ta cuerda en el 2do traste con el dedo medio. A la misma vez volvemos a tocar hacia arriba la 5ta cuerda con el dedo índice de la mano derecha.

Utilizando la misma técnica descendemos hasta la 1ra cuerda, al llegar a esta iniciamos el ascenso hacia la 6ta utilizando la misma técnica y así repetidamente.

Los aspectos que debemos tener en cuenta en este ejercicio son los siguientes:

Es muy importante ir marcando trastes consecutivos sin levantar el dedo del traste que ya teníamos marcado, sobre todo al ir descendiendo por las cuerdas. Esto puede resultar muy complicado e incluso puede parecer un ejercicio absurdo, dentro de poco verán la importancia que tiene. El ejercicio lo pueden realizar muy despacio al principio, lo importante es conseguir una buena técnica, la velocidad vendrá sola. Y lo más importante, "no pasar al siguiente ejercicio hasta que no dominen este".

Ejercicio 7:

Este ejercicio es una ampliación del anterior, razón por la que decimos que no pasen a él hasta que no hayan conseguido buena técnica en el anterior, de lo contrario, los malos hábitos que no se corrijan en el anterior se irán sumando en los posteriores. En esta ocasión utilizamos todos los dedos de la mano izquierda, vamos a utilizar los 4 dedos: índice, medio, anular y meñique y, de la misma manera con la mano derecha vamos a utilizar además el dedo índice, medio y anular.

Ahora necesitamos utilizar 4 trastes, aconsejo que en un principio utilicen los trastes contando a partir del 4to o 5to por la sencilla razón de que están más unidos (son más estrechos) y tendrán menos dificultad que si utilizamos los primeros, conforme vayamos practicando el ejercicio podemos ir desplazándonos un traste hacia la izquierda.

Al igual que el ejercicio anterior marcamos el primer traste elegido de la 6ta cuerda con el dedo índice de la mano izquierda y tocamos hacia arriba con el dedo índice de la mano derecha.

Sin levantar el dedo índice de la mano izquierda, marcamos el siguiente traste con el dedo medio de la mano izquierda y tocamos hacia arriba con el dedo medio de la mano derecha.

Igualmente, sin levantar los dos dedos que ya tenemos apoyados en los trastes pisamos el 3ro con el dedo anular de la mano izquierda y tocamos hacia arriba con el dedo anular de la mano derecha.

Concluimos en esa cuerda marcando el 4to traste con el dedo anular (sin levantar el resto) y tocamos hacia arriba con el dedo índice de la mano derecha. Y a partir de aquí comienza la dificultad.

Con la mano izquierda tenemos que ir descendiendo por las cuerdas, en esta ocasión de la 6ta a la 5ta, tenemos que marcar el primer traste elegido con el dedo índice de la mano izquierda, pero seguimos manteniendo todos los demás trastes de la 6ta cuerda con el resto de dedos (medio, anular y meñique). De manera que cada vez que vayamos marcando un traste los demás deben seguir marcados.

Con la mano derecha ocurre lo siguiente, en la 6ta cuerda hemos terminado con el dedo índice por lo que el primer dedo que empieza a marcar en la 5ta cuerda es el siguiente, es decir, el dedo medio. De tal manera que la secuencia que utilizamos con la mano derecha es siempre la misma: índice, medio y anular independientemente de cómo hayamos terminado en la cuerda anterior, es decir, en la siguiente cuerda tenemos que empezar por el dedo siguiente a la que hemos terminado en la cuerda anterior.

Al llegar a la 1ra cuerda al igual que hacíamos en el ejercicio anterior ascendemos hacia la 6ta cuerda y así repetidamente.

Tomaros este ejercicio con calma, tiene bastante dificultad realizarlo de una manera adecuada, debemos tomar el tiempo que necesitemos y que lógicamente tomará más tiempo que los anteriores.

Ejercicio 8:

Aquí otros ejemplos de arpegios para ejercitar:
Arpegio p1213212
Arpegio p23212
Arpegio p32123
Arpegio p32321
Arpegio p12123
Arpegio plp2p3
Arpegio p21321
Arpegio p13212

En todos ellos se debe tener en cuenta las normas principales:

Empezar siempre por el bajo, pulsando la cuerda hacia abajo.

Las cuerdas altas pueden ser primera, segunda y tercera o bien la segunda tercera y la cuarta, y siempre se pulsan hacia arriba.

Procurar pulsar todas las cuerdas con la misma intensidad, a no ser que se quiera o tenga que acentuar alguna nota en concreto.

Es una secuencia cíclica, es decir, al terminar con las notas altas vuelve a empezar el arpegio con su correspondiente bajo.

Algunas frases y pensamientos célebres sobre la guitarra y su sonoridad.

"Deja de tocar la guitarra un día y lo notarás tú. Deja de tocarla dos días y lo notará tu maestro. Deja de tocarla tres y empezará a notarlo el público."
Jimmy Page

"Entro despacio, se me cae la frente despacio, el corazón se me desgarra despacio, y despaciosa y negramente vuelvo a llorar al pie de una guitarra".
Frases de "Viento del pueblo" (1937) - Miguel Hernández

"La guitarra se expresaba con enorme sonoridad; charlaba, cantaba, declamaba con una verbosidad aterradora y con una seguridad y una pureza de dicción inauditas. La guitarra improvisaba una variación sobre el tema del violín de ciego. Se dejaba guiar por él y vestía espléndida y maternalmente la tenue desnudez de sus sonidos.
Frases de "Los paraísos artificiales" (1860) - Charles Baudelaire

"Al elegir una guitarra me fijaba en que estuviera desgastada (...). Es como entrar en un restaurante. Si está lleno es que se come bien."
Eric Clapton

"Cada uno tiene su forma de agarrar la guitarra, y para eso no hay profesión".
Carlos Santana

www.ingramcontent.com/pod-product-compliance
Lightning Source LLC
Chambersburg PA
CBHW070125230526
45472CB00004B/1421